1분멘탈케어

일상의 모든 순간에 마음을 챙기는 방법

1분
멘탈
케어

**1 MINUTE CARING
FOR MENTAL HEALTH**

이현동 지음

calmSpace

프
롤
로
그

 코로나19 팬데믹 사태로 인해 어려움을 겪은 현대인들, 여러분의 마음, 괜찮으신가요?

 자고 일어나면 무언가 바뀌어 있는 요즘, 변화는 가속도가 붙어 더욱 빠르게 진행됩니다. 그 안에서 가중되는 혼란은 마음을 잠식하고 나와 주변을 어둡게 만들곤 합니다. 유행하는 자기 계발이 대부분 돈에 맞춰져 있지만, 돈의 본질인 '풍요로움'이라는 에너지에는 그만큼 관심이 있을까요? 건강한 몸을 만들기 위해 근육을 단련하지만, 마음의 근육도 그만큼 단련하고 있을까요?

 부자가 되기 위해, 건강한 삶을 위해, 모든 것은 마음을 보살피는 것에서 출발해야 한다고 생각했습니다. 왜냐하면 우리 삶의 모든 문제는 마음의 작용이 불러일으키기 때문입니다. 우리가 보는 책도 누군가의 생각이 물건이 된 것이고, 스마트폰도 누군가의 생각이 물건이 되었듯 우리의 생각은 힘이 가해지면 물질로 변형됩니다. 그러니 이로운 생각은 이로운 물질을, 해로운 생각은 해로운 물질을 만듭니다. 그 생각을 자유자재로 만들어내는 마음의 주권을 가질 수 있다면, 빠른 변화의 속도 안에서도 유연한 사고로 올바른 대처가 가능해집니다. 또한 난무하는 외부 정보로부터 중심을 잡고, 자기만의 속도와 방향으로 나아갈 수 있게 됩니다.

꾸준히 마음을 돌보기 위해서는 먼저, 그 원리를 이해하기 쉬워야 한다고 생각했습니다. 그렇게 제가 가진 생각을 어떻게 쉽게 전할 수 있을까 고민하던 중 '하루 1분'이라는 것을 떠올렸습니다.

지난 10년간 인간의 의식과 내면세계에 매료되어 지내왔고, 여러 책을 찾아보며 삶에 적용하다 보니 의외로 핵심은 단순하게 느껴졌습니다. 그래서 아주 간단하게 축약해 보았습니다. 본 서적을 하루 잠깐의 시간 동안만 읽어보고, 들어보고, 써보면 자신의 마음을 돌아보는 값진 기회가 될 것입니다. 저자의 짧은 글귀를 통해 시선의 확장과 변형을 받고, 질문을 받아 자신의 마음에 적용해 보시기 바랍니다. 그리고 옆에 마련된 노트의 질문에 대하여 자유로운 느낌을 적으면서 자신에게 전하는 편지로 사용하길 바랍니다.

하루 1분, 56일 동안 펼쳐질 여정을 위해 필요한 것은, 자기 자신을 향한 사랑의 마음입니다. 이 책을 선택했을 땐 자기 자신에게 도움을 주어 삶을 개선해 주겠다는 사랑의 마음에서 시작되었을 것입니다. 그 마음을 매일 새기며 이어가시길 바랍니다.

이 책의 마지막 장을 덮을 때쯤엔, 삶을 보는 시선이 전과 달라졌음을 느끼게 되기를 바랍니다. 더 많은 감사함을 느끼고 풍요로움을 느끼게 되고, 그리고 그것은 선순환의 사이클을 만들어 계속 커지게 되면 좋겠습니다. 선순환의 고리가 견고해지면 하는 일의 퍼포먼스가 향상되고, 용기가 생겨 새로운 도전을 할 수 있게 될 것입니다.

내 마음을 향해 떠나는 이 여정에 여러분을 초대합니다.

1분 멘탈케어 선언서

나 _____ 는 8주간의 멘탈케어(마음 챙김)을
충실히 수행할 것을 약속한다.

나는 매일 1분 멘탈케어 내용을 읽으며 생각을 확장하고,
영상을 보고 들으며 심상화한다.

또한 열린 마음으로 노트를 쓰면서 느낌을 정리한다.

나는 이 과정을 통해 만나게 될 나의 깊은 마음을
절대적으로 지지해 줄 것을 다짐한다.

나는 이 과정을 진행하는 동안
충분한 수면과 건강한 식사,
운동 등을 통하여 나 자신을 돌봐줄 것을 약속한다.

월   일

서명

차
례

1 Week

회복 명상	16
등산 명상	18
이별 명상	20
얼음 명상	22
촛불 명상	24
홍길동 명상	26
죽음 명상	28

2 Week

걷기 명상	34
화분 명상	36
골방 명상	38
뒤집기 명상	40
두 손 명상	42
CCTV 명상	44
그물 명상	46

3 Week

바라보기 명상	52
풍선 명상	54
감사의 돌 명상	56
기차 명상	58
역할 명상	60
돈 쓰기 명상	62
명상 속 나의 부모님	64

4 Week

거북이 명상	70
끌어당김 명상	72
청구서 명상	74
내면 아이 명상	76
쓰기 명상	78
꽃가루 명상	80
샤워 명상	82

5 Week		
	숨 참기 명상	88
	취침 명상	90
	명상이란?	92
	식사 명상	94
	무의식 끌어안기 명상	96
	자기 사랑 명상	98
	선택하기 명상	100

6 Week		
	삶의 여정 명상	106
	시선 정화 명상	108
	감사 발견 명상	110
	기상 명상	112
	용서 명상	114
	선물 주기 명상	116
	연극 명상	118

7 Week

대화 명상	124
명상의 시간	126
울음 명상	128
성장 명상	130
홀로서기 명상	132
사랑의 잔 명상	134
나를 위한 명상	136

8 Week

행복 발견 명상	142
1분스피치 명상	144
보살핌 명상	146
안정 찾기 명상	148
감정처리 명상	150
도전 명상	152
책임지기 명상	154

WHY를 바라보면
HOW는 따라옵니다.

1 Week

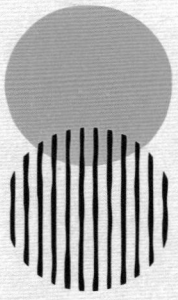

첫째 주

회복 명상

등산 명상

이별 명상

얼음 명상

촛불 명상

홍길동 명상

죽음 명상

회복 명상

마음의 상처, 회복

우리가 종이를 자르다 칼에 베였다고 생각해 보세요.

베인 상황을 모른 척하고 피를 흘리며 계속 종이를 자를 사람은 없을 겁니다. 환부를 살펴보고 치료 방식을 판단한 후, 지혈하고 소독하고 약 바르고. 그리고 작업을 이어갈지 조금 쉴지 결정을 하겠죠.

마음의 상처도 마찬가지입니다.

손상을 입으면 잠깐 멈추고 나만의 공간으로 가, 상태를 지켜보고 호흡을 고르며 마음을 추슬러야 합니다. 대단히 큰 고통이나 특별한 트라우마만 인정되고 존중받는 것이 아닙니다.

마음에 전해진 작은 통증들도 잘 처리하지 않으면 세포 하나하나에 각인되어 새겨집니다. 고유한 성격이 되는 것이죠.

자기만의 방식으로 거듭거듭 회복을 반복하여 어려운 시기를 반등의 기회로 삼으시기를 바랍니다.

보고 듣는 명상
바로가기

마음이 아플 때, 어떤 얘기를 듣고 싶었나요?
그 얘기, 나에게 해주세요.

등산 명상

 내려다본 시선

북한산이나 관악산에 올라가 산 정상에서 도심을 바라보면, 저 아래 모여 무엇 하나 가지기 위해 참 열심히들 살아간다 싶기도 합니다.
또한 한쪽에선 볼 수 없던 산 반대편의 일을 동시에 볼 수도 있죠.
굳이 산에 올라가지 않더라도 조용히 앉아 높은 곳에서 내려다본 시선으로 지금의 나와 내 앞에 펼쳐진 상황을 바라보세요. 산 아래 있는 자와 산 정상에 있는 자는 분명 같은 시간을 살지만 다른 것을 보고 있습니다.
우리가 예언자라 부르는 사람들도 깊은 명상을 통해 전체를 조망하기에 그런 능력을 갖춘 사람들이죠. 전체를 관망하는 시선 속에 상황을 통찰하는 자가 다음을 보게 되고 혁신은 거기서 옵니다.
그렇게 되면 수동적인 삶을 살 수가 없습니다.

보고 듣는 명상
바로가기

지금 나와 내 주변의 상황을 산 정상에서의 시선으로 바라보세요.

이별 명상

이별 속 지혜

우리는 세상을 살아가며 수없이 많은 인연을 맞이하고 떠나보냅니다. 사실 지금까지의 나를 구성한 모든 것은 그 인연들이 남긴 결과물 일지도요.

조용히 앉아 지난 인연들을 떠올립니다. 그중 가장 큰 영향을 끼친 인연을 떠올려 보세요. 멀어진 친구, 헤어진 연인, 이혼한 배우자. 내가 그가 되어, 나에게 해주고 싶은 얘기를 해줍니다. 상대는 내가 무엇을 알아주길 바랐을까요? 가슴 깊이 느껴봅니다.

그리고 상대와의 시간을 통해 누린 것들과 그로 인해 배운 점, 그것을 통해 내게 생긴 지혜들에 감사의 인사를 전해주세요.

마지막으로 상대의 가슴에 심어진 내가 전한 사랑의 씨앗을 축복해줍니다.

그렇게 축복과 감사의 인사를 한 후 나의 자리로 돌아와 지금 내 앞의 인연들을 소중히 바라보세요.

보고 듣는 명상
바로가기

어떤 인연이 떠오르나요?
그 인연에게 감사의 인사를 전해볼까요?

얼음 명상

생각 녹이기

우리 마음 안에 에고, 고집, 자존심이라 불리는 것들이 있습니다. 쉽게 말해, 하나의 생각을 꽉 움켜쥐고 있는 건데, 실체도 없는 그 생각이 나를 이끌어 눈앞의 현실을 창조해버립니다. 생각의 노예가 되는 거죠.

조용히 앉아서 "이래야 해, 저래야 해"라며 굳게 움켜쥔 생각 하나를 얼음이라 상상합니다. 그리고 따뜻한 온기를 불어넣어 줍니다. 얼음이 녹아내립니다. 그리고 기체가 되어 공기 속으로 스며들어 갑니다.

견고한 우리의 생각은 꽁꽁 언 얼음과도 같습니다. 사랑으로 녹여 기화시켜주세요.

이곳에 멈춰있던 그 고체가 자유롭게 공기 중으로 날아갑니다.

보고 듣는 명상
바로가기

명상 전 :

얼음 :

명상 후 :

촛불 명상

내 안의 스위치를 찾기

명상은 어두울 명(冥) 자에 생각 상(想)자. 즉, 눈을 감고 어두움 속에서 내 생각을 바라보는 것. 그렇게 나는 생각을 '하는' 존재가 아닌, 생각을 '보는' 존재임을 알아가는 과정입니다. 그리하여 점점 밝아지는 것, 맑아지는 것입니다. 종교 행위와 연관 지을 필요 없는 멘탈케어의 한 방법일 뿐입니다. 웨이트 트레이닝 하듯 마음의 근육을 단련하게 됩니다.

조용히 앉아 내 마음속의 촛불 하나를 켭니다. 밝아진 시선으로 나는 무엇을 밝히며 살아갈 것인지 느껴봅니다.

불 꺼진 방안 칠흑 같은 어둠에 있다 하여도, 스위치는 늘 어딘가에 있었습니다. 안보였고, 몰랐고, 누가 잘 알려주지 않았으며 찾을 마음이 없기도 했을 겁니다.

명상은 스위치를 찾는 방법입니다. 그렇게 밝혀진 나의 촛불로 세상을 밝히며 살아가는 것이죠. 그리고 그 촛불의 빛을 나누는 것. 밝은 존재들이 모여 광도가 높아져 갑니다.

보고 듣는 명상
바로가기

밝아진 내 마음속, 어떤 얘기들이 들려 오나요?

홍길동 명상

'나에게 가장 이로운 나' 창조하기

분신술에 능하여 여러 명의 자기 자신을 만들어내던 홍길동을 아시죠? 여기, 어떤 사건 때문에 분노하는 내가 있습니다. 그 분노하는 나를 보는, 또 다른 나를 만들어 보세요. 그 나는, 분노하는 나를 보며 연민을 느낍니다.

그리고 또 만드세요. 그 나는, 연민을 느끼는 나를 보니 슬퍼집니다.

또 만드세요. 그 나는, 슬픔을 느끼는 나를 보니 화가 납니다.

또 만드세요. 그 나는, 화나는 나를 보니 안아주고 싶습니다.

또 만드세요. 그 나는, 안아주려는 나를 보니 고마움을 느낍니다.

그 나는, 고마움 느끼는 나를 보니 도와주고 싶고 도우려는 나를 보니 기쁩니다. 기뻐하는 나를 보니 행복하고, 행복한 나를 보니 감사합니다.

끝까지 만들고 만들어서 나에게 가장 이로운 나를 창조할 수 있습니다.

보고 듣는 명상
바로가기

힘든 순간의 나에게 어떤 나를 만들어주었나요?

죽음 명상

오늘이 마지막이라면

네팔의 힌두교 화장터를 방문해 불타는 시체들을 종일 본 적이 있습니다. 그리고 그때 '나는 무엇무엇이다'라고 말하던, 직업, 성격, 역할, 종교, 사상 등등 나를 나라고 규정하는 모든 것들을 마음속에서 같이 불태워버리는 상상을 해보았습니다. 그리고 그 끝에 대체 무엇이 남는지 바라보았죠.

어떻게 보면 죽음은 그리 멀리 있는 것이 아닐지도 모르겠습니다.

조용히 앉아 자신에게 질문해보세요. 오늘 밤이 마지막 밤이라면 어떻게 살고 싶으신가요?

나의 안과 밖을 구성하는 요소들을 불태우면 무엇이 남는지 바라보세요.

보고 듣는 명상
바로가기

나를 나라고 말하는 것들이 모두 불타 사라져버린 나는 어떤 모습인가요?

자기를 바로 보는 사람만이
진정한 마음의 자유를 얻게 됩니다.

2Week

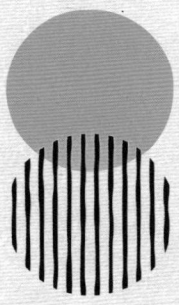

둘째 주

걷기 명상

화분 명상

골방 명상

뒤집기 명상

두 손 명상

CCTV 명상

그물 명상

걷기 명상   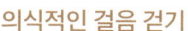

스페인 산티아고 순례길에서 40일간 800Km를 걷고 느꼈던 것은, 인간은 그저 걷는 존재라는 것. 그리고 걷는 것만으로도 이미 할 일을 다 하는 것이며, 의식적인 걸음 속에 마음의 온전함을 되찾는 치유의 실마리가 있다는 것이었습니다.

삶이라는 여정, 그 걸음걸음 속에서 먹고 사랑하고 기도하는 모든 일이 펼쳐지고 있습니다. 한 걸음 한 걸음 몸과 마음을 일치시켜 의식적 보행을 해보세요.

아인슈타인은, 한걸음에 "감사합니다." 한 번. 그렇게 매일 백 걸음씩 감사와 축복을 담아 걸었다고 합니다.

감사, 평화, 사랑 등 오늘 나에게 가장 필요한 문장을 걸음에 실어 리듬감 속에 걸어보시길 바랍니다.

보고 듣는 명상
바로가기

오늘은 어떤 말과 함께 걸어보면 좋을까요?

화분 명상

식물의 위대함

서울에서 제주의 시골 마을로 이주하여 새로이 배운 것은, 마당과 텃밭에서 자라는 식물의 위대함이었습니다. 좋은 식물은 뿌리내리기까지 오랜 시간이 걸려도 단단하게 뿌리 내린 후 폭풍 성장을 했습니다. 그러나 잡초는 금방 자란 후 쉽게 뽑혀 나갔습니다. 한 자리에서 풍파를 겪어내며 자연 순환 원리에 따라 피고 지고 싹을 다시 피워내는 생장의 사이클은, 움직이지 못한다는 이유로 가장 열등한 존재로 봤던 식물의 위대함을 깨닫게 해주었습니다.

영국 속담에 '정원 없는 삶은 영혼 없는 삶과 같다.'라고 합니다. 도시에서의 삶, 식물과 흙을 가까이하기 어렵다면 화분이라도 가까이 두고 식물을 통해 교감하며 초록의 기운을 느껴보세요. 결국 자연의 일부인 우리의 몸체는 모니터와 스마트폰 화면보다 자연의 색을 통해 회복을 원하고 있으니까요.

보고 듣는 명상
바로가기

식물과 교감해 보아요. 무엇이 느껴지나요?

골방 명상

나만의 심연으로

민중운동가 함석헌 선생께서는, '그대 골방을 가졌는가?'라고 물으셨습니다. 그것은 아무도 없는 곳, 오직 나 혼자 머무는 환경적 골방을 의미하지만 내 마음 저 깊은 곳 나에게 전해오는 진짜 소리가 있는 그 심연을 뜻하기도 합니다.

조용히 앉아 눈을 감고 그 골방을 방문해보세요. 골방에는 무엇이 있나요? 세상이 만든 수만 가지 비교 기준으로도 잴 수 없는 소중하고 독특한 내가 머무는 곳. 70억 인구 중에서 오직 한 명인 내가 꿈틀대는 바로 그곳. 어떤 조건 없이 온전히 사랑 그 자체인 내가 살아 있는 곳. 그곳에서 만난 나를 바라보고 이해해 주며 깊은 대화를 나눠보세요.

보고 듣는 명상
바로가기

나와 만날 수 있는 골방이 있나요?

뒤집기 명상

내가 허용한 평안

최근 나에게 가장 힘이 들어가 있거나 애쓰고 있는 부분을 떠올려 보세요. 성공에 대한 열망과 부모 자식의 집착. 오지 않은 내일에 대한 불안. 채워질 수 없는 욕망, 누군가 날 사랑해주길 바라는 결핍, 만족을 모르는 욕심, 내가 무엇을 원하는지 모르는 혼란 등.

이 모든 것들 다 나름의 사연과 이유가 있지만, 과도한 힘이 들어간 것은 그 또한 자연법칙에 어긋난 것입니다.

위에서 발견해낸 것들을 손 위에 하나둘씩 올려봅니다. 매우 사실적으로 느끼며 어떻게 느껴지는지 충분히 바라보세요. 그리고 손을 뒤집습니다. 우수수 떨어지는 것을 느껴보세요. 그리고 여러 번 해보세요.

마음 편해짐을 스스로 허용해주셔도 됩니다.

보고 듣는 명상
바로가기

무엇을 손 위에 올려놓았나요?
뒤집은 후의 느낌은 어떤가요?

두손명상

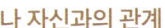

나 자신과의 관계

여러분 기도하십니까? 기도할 때 대부분 양손을 모읍니다. 양손을 모으고 무엇을 하시나요? 건강? 성취? 부자? 합격?

바라는 것을 향한 절실함, 절대적 존재와의 소통을 통한 회복, 물론 삶에서 다 필요한 일들입니다만, 기도를 위해 모은 두 손은, 내가 내 손 잡아 주는 것을 의미하기도 합니다. 많은 인간관계 다 의미 있지만, 나 자신과의 관계가 좋아야 밖으로도 좋습니다.

오늘도 조용히 앉아 내가 내 손 잡아 주는 고요한 시간을 온전히 누려 보세요.

보고 듣는 명상
바로가기

소중한 나 자신과 맞잡은 두 손을 느껴보세요.
무슨 말을 해주고 싶은가요?

CCTV 명상

자기 객관화

일상 속 대부분 말과 행동은, 내가 보고 있는 상황과 대상에 집중하여 일어납니다. 그 말과 행동을 하고 있는 나 자신이 지금 어떤 모습인지는 알기가 어렵습니다. 때로는 내가 보고 있는 시선에서 빠져나와, 마치 CCTV 화면을 보듯 지금 무언가 행하고 있는 나를 바라보세요. 배우 훈련에도 있는 '제3의 눈 강화'라 불리는 이 연습은 자기 객관화의 좋은 방법입니다.

인간은 자기가 알 수 있는 만큼만 알 수 있고, 갖고 있는 관념의 프레임으로 외부를 볼 뿐입니다. 자기를 바로 보는 사람만이 진정한 마음의 자유를 얻게 됩니다.

보고 듣는 명상
바로가기

빠져나와 바라본 나는 어떤 모습인가요?

그물 명상

마음의 걸림

우리 마음 안에 큰 그물이 있다고 상상해보세요. 삶이란 배 밑으로 그물을 내린 후 물살 따라 흘러가는 여정이라 가정한다면, 내 앞에 펼쳐진 상황과 자극들은 그물을 향해 몰려오는 어류와도 같습니다. 그물의 틈보다 작은 것들은 통과하여 지나갑니다. 그런데 어떤 것은 덜컥 걸려버리죠. 걸려서 가만히나 있으면 그나마 다행이지만 워낙 커서 끌려가는 때도 있습니다. 끌려가지 않았다면 나에게 올바른 흐름 따라 순항했을 텐데, 저만치 갔다 돌아오는 데 낭비한 시간과 감정적 경제적 에너지를 생각하면 아쉽습니다. 우리가 마음의 걸림이 없는 상태를 만들어 가기 위해 노력해야 하는 이유입니다.

나는 무엇이 가장 덜컥 걸리는지 잘 찾아보세요. 찾고자 하는 마음이 반이고, 어떤 것에 걸리는지 인지하는 것이 나머지 반입니다

보고 듣는 명상
바로가기

내가 무엇에 매번 덜컥 걸리는지 찾아보셨나요?

인생이란, 자신의 무의식을
끌어안는 과정입니다.

3Week

셋째 주

바라보기 명상

풍선 명상

감사의 돌 명상

기차 명상

역할 명상

돈 쓰기 명상

명상 속 나의 부모님

바라보기 명상

우리는 하루에도 수백 가지 대상을 바라봅니다. 그리고 그 대상에 나의 가치 관념을 연결해 반응하기를 선택합니다. 가치 관념들은 대체로 그동안 보고 배워 형성된 것들입니다. 그 대상을 그 자체로 보기보다, 그 대상에 대한 내 생각과 판단을 보는 것입니다.

편안한 마음으로 주변을 둘러보세요. 보이는 것이 있으면 이렇게 얘기합니다. 저것은 자동차다. 그것은 아무것도 의미하지 않는다. 저것은 빨간불이다. 그것은 아무것도 의미하지 않는다. 저것은 책이다. 그것은 아무것도 의미하지 않는다.

이 연습을 계속하면 그 대상에 어떤 이름표를 붙이고 있는지 인지하게 되고, 왜 언제부터 붙였는지 떠올리게 됩니다. 그래서 앞으로 나만의 어떤 이름표를 붙여줄 것인지, 나에게 선택의 자유가 있다는 것을 알게 됩니다. 그리고 그 선택들이 모여 형성된 내 삶에 책임을 지게 되는 것입니다.

보고 듣는 명상
바로가기

지금 바라본 그것에 어떤 이름표가 붙어 있나요?

풍선 명상

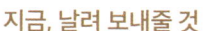

조용히 앉아서 마음의 스트레스를 주는 요소를 떠올려 보세요. 관계에서, 평가에서, 실적에서, 질병에서 온 스트레스 상황을요. 그리고 그 상황에 대한 나의 평가와 그 평가가 불러일으킨 감정을 발견합니다. 예를 들어, '계획했던 예산보다 몇십만 원이 초과했다.'라는 상황. '그러니 다른 비용을 줄여야 해.'라는 평가. 그 평가로 인해 느껴지는 '불안감'이라는 감정.

그중 평가와 감정을 풍선에 매달아보세요. 그리고 작별 인사해주세요. '너도 고마운데 난 더 즐거운 친구와 함께할게. 안녕~' 그리고 날려 보내주세요. 이제 몇십만 원 초과한 상황만 남죠. 이 상황은 나에게 계획보다 규모를 키워서 진행할 수 있다는 능력을 확인시켜줍니다. 자신감이 더 생기네요.

보고 듣는 명상
바로가기

어떤 평가와 감정을 날려 보내주었나요?

감사의 돌 명상

내 마음의 기준점

마음이 가는 돌, 혹은 손에 쥘 수 있는 작은 물건을 하나 준비해보세요. 평소에 이것을 쥐고 감사한 것 열 가지를 찾아 떠올립니다. 오늘 누구와 다퉜는데 이를 통해 나의 어떤 부분이 미숙함을 발견하여 감사합니다. 오늘 온 친구의 연락으로 나를 생각해주는 사람이 있음에 감사합니다. 이렇게 구체적으로요.

평소 반복하여 습관을 들인 후, 마음이 힘들거나 짜증과 분노가 가득하여 기분이 안 좋을 때, 크게 심호흡과 함께 그 감정을 바라보며 흘려보낸 후 그 돌을 쥐고 감사함을 떠올려 보세요. 바쁜 일상 속에서 마음을 초기화시키고 정화할 수 있는 기준점을 잡아놓는 것 굉장히 중요합니다.

보고 듣는 명상
바로가기

감사한 것 열 가지를 떠올려 보세요

기차 명상

용기 있는 나, 그리고 소중한 나

우리는 때때로 걱정이란 기차에 올라타 이끌려 갑니다. 이 걱정 저 걱정이 내달리는데 점점 관성이 붙어 그 속도는 빨라집니다. 그 진행의 끝은 염려스럽습니다. 이게 다 현재에 살지 못하고 과거와 미래에 얽매여 있기 때문입니다. 이거 할 땐 이것만 하고 저거 할 땐 저것만 하기가 참 쉽지 않습니다.

이제 우리, 소중하고 사랑하는 나 자신을 그 기차에 계속 태우지 않기로 해요. 달리는 기차에서 뛰어내리는 것은 용기와 의지도 필요합니다. 의식적으로 끊어내시길 바랍니다. 할 수 있습니다. 걱정스러운 이야기의 주인공이 아닌 걱정스러운 상황을 바라보는 관찰자로 존재하는 겁니다. 이러면 어쩌지 저러면 어쩌지 우왕좌왕하는 것이 아니라, 먼저 "내가 걱정을 느끼는구나."바라보고 이해해 주세요. 그리고 고요해진 마음으로 나와 너에게 가장 이로운 답을 찾아주세요.

보고 듣는 명상
바로가기

소중하고 사랑하는 나 자신에게 어떤 답을 찾아주기로 하셨나요?

역할 명상

삶이라는 무대, 인생이라는 연극

제가 연기자로 활동했던 경험이 세상살이에 남겨준 능력 하나는, 어떤 이야기를 나의 사실로 받아들여 이 세상에 다시 설득시키는 것입니다.

여러분은 누구입니까? 라는 질문에 어떤 대답부터 떠오르시나요? 직업인가요? 나이입니까? 사실 그 답 또한 여러분께서, '나는 무엇이다.'라는 것을 나의 사실로 받아들였기 때문입니다. 책임감 있는 장남 장녀, 무난한 둘째, 귀염둥이 막내, 친절한 공무원, 능력 있는 조직의 리더, 자애로운 엄마 아빠, 평범한 회사원, 점잖은 고객, 한가한 은퇴자 등. 맡은 역할에서 빠져나와 가끔은 다른 방식으로 연기해보세요.

익숙한 방식에서 벗어나 반대로 연기해보는 거예요. 그것들이 어떻게 느껴지는지 관찰해보세요. 새로운 시각을 제시해 줄 것입니다.

보고 듣는 명상
바로가기

나는 누구인가요?
그것을 반대로 연기해보면 어떤 모습일까요?

돈 쓰기 명상

전체적 시선과 돈의 주파수

우리는 매일 하루에도 몇 번씩 돈을 쓰고 있습니다. 돈을 사용하기 전, 제품이나 서비스를 구매하고 금액을 낼 때, 이 제품과 서비스가 나에게 오기까지 관여한 모든 사람을 최대한 떠올리며 축복하고 감사를 전합니다. 예를 들어 이 분무기 하나를 사도, 단지 이 제품을 구매한 것을 넘어 물을 쉽게 뿌리게 해주겠다는 누군가의 씨앗 생각이 나에게 온 것이고 내가 그 과정과 결과를 고용한 것과도 마찬가지입니다.

이런 시각이 생기면 당연히 돈의 에너지와 주파수가 맞아 돈이 좋아지게 되고 돈은 자기를 좋아하는 사람에게 더 붙게 됩니다. 그리고 이런 시각은 하나를 보고도 그 너머를 보는 통찰력을 키워, 각자의 본업에서 역량 강화에도 큰 도움이 됩니다. 어차피 쓰는 돈 기쁘게 써보세요. ^^

보고 듣는 명상
바로가기

오늘 구매한 물건이 나에게 오기까지의 여정을 떠올린 후 감사를 전해보세요.

명상 속 나의 부모님

용서, 화해, 자유

부모님으로부터 받은 상처가 많은 분들이 있습니다. 물론 살다 보면 그 와중에 최선을 다한 부모님을 이해하게 되겠지만 의식적인 연습을 통해 그 시간을 단축하고 하루빨리 내 삶을 되찾을 수 있습니다.

조용히 앉아 그분을 떠올려 봅니다. 내가 원하는 부모가 되어주지 못한 그분. 내가 그가 되어 듣고 싶던 말을 나에게 구체적으로 해줍니다. 미안하고 용서해달라고 고맙고 사랑한다고. 얼어붙은 마음이 녹는 것을 느끼세요

미움도 원망도 사실 실체가 없는 환상인데 내가 움켜잡고 있듯이 용서와 이해도 내가 만들어내고 받아들이면 그만입니다.

그 사람이 변하길 기대하지 마시고, 그 사람에 대한 나의 상처가 내 안에서 먼저 풀려야 내가 자유로워집니다. 이를 위해 물리적인 독립도 필요합니다.

보고 듣는 명상
바로가기

나는 그분께 어떤 말을 듣고 싶나요?
그 말을 듣는 나는 어떤 모습인가요?
깊이 느껴보세요.

우리, 단 하루를 살아도
행복한 삶을 살기로 선택하시죠.

4Week

넷째 주

거북이 명상

끌어당김 명상

청구서 명상

내면 아이 명상

쓰기 명상

꽃가루 명상

샤워 명상

거북이 명상

스스로 발견하는 기쁨

삶 속에서 조급함을 느끼던 순간이 있나요?

조용히 앉아 내 마음을 살펴봅니다. 조급하다는 것은, 무언가 내 계획대로 되어 빨리 이뤄지기를 바라는 것이고 그것은 빨리 이뤄져서 그 과정의 끝에 있는 성취의 희열을 지금 여기서 느껴버리고 싶은 욕심에서 옵니다. 즉 과정의 아름다움은 보지 않고 결승점에 모든 기쁨을 설정해둔 탓이죠.

그러나 희열, 즉 기쁨은 출발선에, 트랙 안에, 결승선에, 어느 한 곳에 있는 것이 아닌 운동장 전체에 이미 있는 것입니다. 결승선의 희열을 쫒는 문화로 빠른 성장을 이룬 현대사회입니다. 이제 다음 세상으로 넘어가는 과정 속에 의식의 대전환이 필요합니다. 빨리 간 토끼보다 거북이가 그 길에 대해 더 잘 안다고 합니다. 잠깐은 거북이가 되어 운동장 전체에 있는 기쁨을 발견해보세요

보고 듣는 명상
바로가기

오늘 하루,
어떤 성공을 발견하셨나요?

끌어당김 명상

이곳에서 누리며 감사

조용히 앉아서 내가 간절히 원하는 것을 떠올립니다. 돈, 집, 건강, 몸매, 합격, 여행, 연애 등. 그리고 그걸 통해 누리고픈 게 뭔지 깊이 살펴봅니다. 여행이 가고 싶으면, 여행을 통해 내가 해방감을 느끼고 싶었구나. 해방감을 이미 느끼는 나를 떠올리며 감사합니다. 큰집을 원하면 여유롭고 좋은 환경에서 살고 싶었구나. 이미 여유로운 환경에 있는 나를 느끼며 감사합니다. 합격을 원하면 합격해서 만족스러운 일을 하길 원했구나. 이미 만족스러운 일을 하는 나를 떠올리며 감사합니다. 근육질이 되길 원하면 그걸 통해 돋보이고 건강해지고 싶었구나. 이미 돋보이고 건강해진 나를 떠올리며 감사합니다.

이렇듯 내가 원하는 것을 통해 누리고 싶은 느낌을 지금 여기서 느끼고 감사하면 우리가 생각지도 못한 방식으로 이뤄지게 됩니다. Why?를 바라보면, How? 는 따라옵니다.

보고 듣는 명상
바로가기

지금 내가 누리고 싶은 것은 무엇인가요?
그것을 충분히 누리고 있는 느낌이 어떤가요?

청구서 명상

누린 것들에 감사하기

우리는 임대료, 전기세, 통신비, 수도세, 관리비 등등 매달 고정 비용을 지출합니다. 쓰고 내고, 쓰고 내고를 반복하다 보면 잘 살기 위해 내는 건지 내기 위해 잘 살려 하는 건지 헷갈리기도 합니다.

조용히 앉아 청구서를 보며 그 서비스를 통해 누린 점을 최대한 많이 구체적으로 떠올립니다. 전화와 인터넷을 통해 나눈 정보와 기쁜 소식들, 수도를 통해 씻어낸 몸과 마음의 때, 전기를 통해 줄어든 노동력과 밝은 빛. 깊이 감사함을 느낀 후 축복의 마음을 담아 금액을 납부합니다.

결과적으로는 합리적인 지출 조정과 소득증대의 목표를 향해 나가겠지만, 늘 지금 여기에서 감사함을 느낄 줄 아는 마음이 우선이라는 점 잊지 말았으면 합니다.

보고 듣는 명상
바로가기

최근 지출들에 대해 감사의 마음을 전해보세요

내면 아이 명상

내 안의 아이와 만나는 시간

편안히 앉아서 어린 시절의 나, 그 아이를 떠올려 봅니다. 떠오르는 기억이 있나요? 그 기억이 나에게 준 영향은 무엇인가요? 그렇게 받은 영향에 대해 나는 어떻게 생각하고 있나요?

다시 그 기억으로 돌아갑니다. 그 아이 옆에 지금의 내가 있어 줍니다. 오직 그 상황 안에 있는 아이에게 집중합니다. 고통스러운 기억이라면 지금 가진 힘과 지혜로 막아주고 지켜줍니다. 필요한 만큼 위로해 주고 격려해 줍니다. 그 아이가 웃을 때까지 계속해 줍니다.

일어난 일을 바꿀 수는 없습니다. 그러나 우리는 일어난 일에 대한 평가를 스스로 바꿀 수 있습니다 삶을 변화와 성장으로 이끌기 위한 가장 중요한 부분입니다.

보고 듣는 명상
바로가기

어린 시절의 나와 만나보세요.

쓰기 명상

의식의 흐름대로 써보기

저는 아침에 일어나 노트에 세 페이지가량을 씁니다. 그저 의식의 흐름에 따라 자유로운 형태로 써 내려갑니다. 나를 이해하는 참 좋은 방법의 하난데, 이것을 지난 7년간 하루도 빠짐없이 매일 했습니다. 아침에 못 쓰면 밤에라도 쓰고 잠들었습니다. 많은 부분에 도움이 되지만 특히 말을 잘하기 위한 연습 중에 가장 중요한 것이 이 쓰기 명상법. 즉, '모닝 페이지'입니다. 의식적 사고와 표출의 접점 연결을 강화하는 최고의 훈련이기 때문입니다.

자신을 정돈하는 좋은 도구를 만나면 시간이 나서 하는 게 아니라, 그것을 위한 시간을 확보한 후 나머지 할 일을 정하게 됩니다. 그것이 꾸준함의 비결인듯합니다. 나를 위한 건강한 습관을 만들어주세요.

※ 모닝 페이지에 대한 자세한 설명 - 줄리아 캐머런 작, '아티스트 웨이' 참고

보고 듣는 명상
바로가기

자유롭게 써보세요.

꽃가루 명상

나를 지키는 힘 키우기

조용히 앉아서 지난 시간 내 삶을 떠올려 봅니다. 그리고 내 안에서 나를 위축시키거나 억압하고 옥죄어오는 소리를 알아챕니다. 예를 들어 "더 완벽해야 해 이것밖에 못 해?", "남자다워야지 울지 마라", "믿음이 부족해", "아무짝에 쓸모가 없다.", "더 빨리해", "그래서 돈은 되니? 먹고살겠니?", "착해야지". 대부분 어릴 때부터 듣고 자란 말일 텐데 갈수록 자기 안에서 굳어져 나와 주변을 힘들게 합니다.

자 그 얘기들을 종이에 적습니다. 그리고 읽어봅니다. 느껴봅니다. 그리고 찢습니다. 갈기갈기 찢습니다. 그리고 날려버립니다. 해로운 걸로 나를 지키는 힘을 면역력이라고 합니다. 마음의 면역력을 키우세요.

보고 듣는 명상
바로가기

내 안에 어떤 말들이 있나요?

샤워 명상

몸과 마음의 정화

우린 매일 몸을 씻어냅니다. 샤워란 먼지와 땀에 의한 오염 등을 씻어내어 몸을 정화하는 행위입니다. 마음을 내어 의식하지 않는다면 반복적인 생활 습관에 불과한 샤워이지만, 의식적 심상화를 이용하면 몸뿐만이 아닌 심리관리에도 도움이 됩니다.

샤워 전에 몸을 바라보세요. 생각이 조잘대는 소리는 자기 혼자 떠들게 놔두고 내 몸을 있는 그대로 바라봅니다. 그리고 최근 있었던 스트레스 혹은 나를 따라다니는 깊은 아픔을 떠올립니다. 샤워기의 물을 황금빛 정화수라 상상하며 그 아픔을 씻어냅니다. 씻겨 나가는 걸 느낍니다. 머릿속에서 조잘대는 생각은 그저 바라보세요. 샤워가 끝나면 이 몸체를 통해 경험해가는 나의 삶을 축복합니다. 그저 감사합니다. 매일 하는 샤워가 이런 의미가 된다면 삶이 어떨 것 같으신가요?

보고 듣는 명상
바로가기

황금빛 정화수가 준 느낌이 어떤가요?

명상은 스위치를 찾는
하나의 방법입니다.

5 Week

다섯째 주

숨 참기 명상

취침 명상

명상이란?

식사 명상

무의식 끌어안기 명상

자기 사랑 명상

선택하기 명상

숨 참기 명상

숨이 멈춘 그곳에서

프리다이빙이라는 레포츠가 있습니다. 숨을 참고 깊은 바다를 다녀오는 다이빙입니다. 우리가 살아가면서 하는 모든 고민과 걱정들. 삶의 희로애락. 생로병사. 모든 것이 숨 쉬는 현재를 기반으로 하고 있습니다.

조용히 앉아서 나를 가장 고통스럽게 만드는 것을 떠올려 보세요. 분노, 좌절, 상실감과 여러 대상 다 떠올려 봅니다. 그리고 숨을 깊게 들이쉰 후 참고 버팁니다. 최대한 버텨보세요. 죽을 것 같다는 생각이 들어도 안 죽습니다. 거기서 1분은 더 참을 수 있어요. 그렇게 숨을 안 쉰 상태에서 그 고민이 어떻게 느껴지는지 바라보세요.

석가모니는 사람의 목숨이 한 호흡에 있다 하였습니다. 우리의 모든 상념 한 호흡 아래 매달린 작은 추 같습니다.

보고 듣는 명상
바로가기

숨을 멈춘 그곳에서 무엇을 만났나요?

취침 명상

숙면을 위한 바디스캔

누워서 티브이나 스마트폰을 보다 바로 잠들면 숙면에 방해가 됩니다. 시신경이 자극을 받다가 긴장한 채 바로 잠드는 거니까요.

눈을 감고 편안한 자세로 누워보세요. 오늘 하루도 수고한 나에게 <u>최고의 휴식을 선물하겠다</u>고 생각합니다. 머리부터 발끝까지 한 부분 한 부분 느끼면서 <u>고맙다</u>고 얘기해 줍니다. 머리로 <u>황금빛</u>이 들어와 눈코 얼굴 가슴 팔다리까지 훑고 발끝으로 내보내 줍니다. 그리고 깊은 잠이 들어갑니다. 이렇게 의식적으로 만들어낸 구체적 상상은 몸에서도 <u>이완</u>을 불러줍니다. 어차피 몸에 가득한 긴장의 스트레스도, 내가 만들어낸 상상이 만들어낸 것이니까요.

보고 듣는 명상
바로가기

편안해진 내 몸을 그려보세요.

명상이란?

평온한 마음의 명상 상태를 향하여

우리가 명상이라 하면, 아빠 다리를 하고 앉아 허리를 세운 채 눈을 감은 좌선의 모습. 즉 '명상'이라 부르는 그 행위와 형식을 먼저 떠올립니다. 그러나 그 형식은 외부를 향한 시선을 안으로 돌려 명상 상태로 가기 위한 아주 표준적인 한 방법입니다. 예를 들어 밥을 먹을 때 서서 먹고 이동하며 먹고 상황에 따라 다양하게 먹을 수 있는데 밥은 반드시 식탁에 앉아서 먹는 것. 이라고 하는 것과 같습니다. 물론 밥을 먹기에 가장 좋은 자세는 식탁에 앉아 먹는 것이죠.

명상은 밝아지는 것. 마음에 올라오는 생각을 바라보고 그것으로부터 나를 분리하여 선택하는 자유를 통해 내 삶을 책임지는 여정을 말합니다. 그러니 좌선 형식과 함께 그렇게 바로 세운 척추처럼 바로 선 진지한 태도로 삶을 대하는 그 마음가짐이 있는 모든 곳, 모든 행동이 명상입니다.

그럼 다시 명상의 시간을 가져보시죠.

보고 듣는 명상
바로가기

나에게 선물하고 싶은 마음가짐은 어떤 것인가요?

식사 명상

내가 먹는 것이 곧 나

식사 명상법을 알려드리겠습니다. 식사 전 감사 기도와 비슷하다고 볼 수 있으나, 좀 더 구체적이고 사실적인 심상화를 말합니다. 음식을 바라보세요. 음식 재료들은 미세한 입자에서 시작해 흙에서 씨앗으로 발아하고 재배된 후, 생산, 유통, 조리에 참여한 사람들의 노력 등 많은 여정을 거쳐 이곳에 왔습니다. 그 자연 원리의 큰 사이클을 상상하며 축복합니다. 감사함이 자연스럽게 따라옵니다.

모든 물질은 에너지체입니다. 다른 나라, 다른 지역에서 온 음식 재료를 섭취하는 것은 그 토양과 환경 그 지역의 에너지가 내 안으로 오는 것입니다.

내가 먹는 것이 곧 내 몸이 됩니다. 식사 명상을 계속하면 자연스럽게 건강한 음식 재료와 식사법이 생활 속에 따라옵니다. 육류의 섭취가 줄고 생명 순환 원리에 세밀해져 영혼이 정화되고 육체의 균형이 이뤄집니다.

보고 듣는 명상
바로가기

내가 먹은 음식들의 전체 여정을 떠올려 보세요.

무의식
끌어안기 명상

나에게 건네주는 사랑의 언어

빙산이 하나 떠 있습니다. 그리고 물속으로 감춰진 아랫부분은 노출 부위보다 거대합니다. 윗부분은 의식. 그 아래는 무의식의 영역이라고 볼 수 있겠네요. 인생이란 자신의 무의식을 끌어안는 과정입니다. 아무리 정신을 차리고 모나지 않는 사람으로 살아간다 해도, 자기 안에서 부딪히는 마음의 갈등들은 다 무의식을 깊이 다루지 못해서입니다. 삶의 여러 상황을 통해 만나게 되는 인정하기 싫은 나의 모습들, 그러나 결국 그것도 나입니다. 그래서 나이를 먹어서 지혜로워진다기보다 내 무의식의 영역을 받아들이게 되는 경험의 폭이 커지는 것입니다.

내 마음을 향한 여정의 궁극적 목표는 의식적 연습을 통해 무의식을 끌어안는 것입니다. 긴 과정이 될 테지만 우리는 할 수 있습니다. 그 첫걸음은 사랑과 화해, 성공의 언어를 나의 무의식에 계속 건네주는 것에서 시작됩니다.

보고 듣는 명상
바로가기

나의 무의식에 어떤 말을 건네주고 싶으신가요?

자기 사랑 명상

 타인의 시선에서 자유로운 삶

현대사회를 살아가는 우리는 타인의 시선에 참 많은 신경을 쓰고 살아갑니다. 실체도 없는 남의 생각 앞에서 자신이 아닌 다른 나의 모습을 만들어 보여주거나 굳이 할 필요 없는 부연 설명으로 자기를 방어하고 합리화하죠. 남의 시선을 신경 쓰는 행동 아래는 저 사람이 속으로 날 비난하면 어쩌나 하는 마음이 있을 텐데요. 그것이 비난을 받을만한 건지는 어차피 자기의 기준입니다. 그 아래에는 타인이 나를 인정해줘야 한다는 마음이 깔려있는데, 그것은 넌 나를 좋아해야 한다는 상대의 마음을 통제하고픈 욕구에서 오는 거죠. 또한 저 사람이 날 비난했다고 피해자로 있을 수 있기 때문이기도 합니다. 이 모든 것은 결국 자존감 문제로 연결이 됩니다.

타인에 시선에 휘둘리는 건 창살 없는 감옥에 사는 것과 같아요. 그러니 자기 비난과 엄격한 자기검열에서 먼저 자유로워지는 것이 우선입니다. 나를 이해해 주세요. 나를 바라봐 주세요. 나를 끌어안아 주세요.

보고 듣는 명상
바로가기

나에게 어떤 말들을 건네주었나요?

선택하기 명상

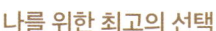
나를 위한 최고의 선택

누군가가 저에게 선물을 주었습니다. 그런데 제가 안 받으면 그건 누구 겁니까? 제 것이 아닙니다. 그럼 그것을 내가 받기로 선택하면 누구 겁니까? 제 것입니다. 누군가가 저에게 상처 되는 말을 했습니다. 그것을 받으면 누구 것입니까? 안 받으면요? 주는 건 그 사람 자유인데 그거 받고 안 받고는 누가 하고 있나요?

상처라는 것도 사실 허공에 던져진 그 화살을 내가 잡아서 내 심장에 꽂은 겁니다. 내가 받기로 선택한 거죠. 그러니 이제 안 받기로 선택하면 그만이고 받았더라도 뽑아낸 후 잘 아물게 보살피는 선택을 해주면 그만입니다.

아무리 긍정적인 사람도 마음 안에 사랑과 두려움을 기반으로 한 두 마음이 공존합니다. 다만 그 사람은 사랑의 화분에 물을 주는 선택을 거듭할 뿐입니다. 우리의 영혼을 보살피기 위한 최고의 선택을 해주시길 바랍니다.

보고 듣는 명상
바로가기

내가 상처받기로 선택했던 기억이 있나요?
그 상황이 반복된다면 어떻게 하시겠습니까?

나를 이해해 주세요.
바라봐 주세요.
나를 끌어안아 주세요.

6 Week

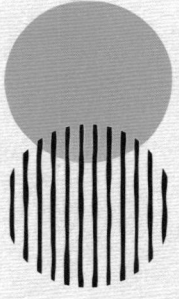

여섯째 주

삶의 여정 명상

시선 정화 명상

감사 발견 명상

기상 명상

용서 명상

선물 주기 명상

연극 명상

삶의 여정 명상

그래 여기까지 참 잘 왔다.

서울에 출장 간 김에 예전 살던 곳을 가봤는데, 나 자신에게 이 말을 해주고 싶었습니다. 여기까지 참 잘 왔다고요.

인간은 걷는 존재이고 처음 걷는 법을 배운 후, 거기서 여기까지 그저 걸어왔을 뿐. 각자 사연 없는 이, 아픔 없는 자가 있겠습니까? 그럼에도 불구하고, 그 길고 긴 시간 거쳐서 여기까지 잘 왔습니다. 이곳에서 보는 지난 그 시간이 어떻게 보이던 우리는 그 당시에 최선인 선택을 해왔습니다. 그 자체로 감사하고 자랑스러워 마땅하죠.

앞으로도 걸어갑니다. 길을 만들어내기도 하고 잃기도 하고 함께 또는 혼자 걷기도 할 테지만, 기왕 걷는 여정 기쁨을 많이 발견하며 걸어가야겠습니다.

보고 듣는 명상
바로가기

그 당시에는 최선인 선택을 통해 여기까지 온 자신에게
어떤 말을 해주고 싶나요?

시선 정화 명상

사람들에겐 참 많은 걱정거리가 있습니다. 걱정이란 지난 시간이 만들어낸 후회와 아쉬움이, 아직 일어나지 않은 일들에 대한 불안감과 손해 보기 싫은 마음이 불러일으킵니다. 모두 현재를 살고 있지 않은 마음의 장난 때문이지요. 과거는 지나가 버렸고 미래는 아직 오지도 않았는데 그것을 움켜쥐고 지금의 나를 힘들게 할 것인지 말 것인지는 나의 선택에 달려있습니다.

걱정한다 안한다. 논하기 이전에 여러분은 무엇을 걱정이라고 규정하시나요? 어떨 때 걱정을 하고, 무슨 일에 대해 특히 걱정을 많이 합니까? 사실 걱정은 고작 내 머리로 계산할 수 있는 정도로 바라본 세상에 관한 얘기입니다. 따라서 걱정을 움켜쥐고 산다면 나에게 주어진 무한한 가능성을 스스로 막고 사는 것일 수도 있습니다.

보고 듣는 명상
바로가기

무엇을 가장 걱정하나요? 다른 선택을 할 수 있다면 어떻게 바라볼 수 있을까요?

감사 발견 명상

행복에는 여러 요소가 있지만 내 앞에 펼쳐진 사실에 감사함을 느끼는 정도가 행복감과 비례합니다. 눈을 떠 하루를 시작함에 감사하고, 할 일이 있거나 할 일을 찾아가고 있음에 감사하죠. 이렇듯 어떤 기회와 상황이 누군가에겐 별 감흥 없지만, 나에겐 감사한 것은 결국 그 상황이 감사한 게 아니라 그 상황을 감사한 것으로 보는 내가 있기 때문입니다. 그 상황이 자기 입으로 "내가 감사함이다"라고 말한 적은 없으니까요.

감사함은 결국 그것을 발견해내는 시선에 관한 것이고, 감사함을 느끼게 해주려는 자기 자신에 대한 사랑에 관한 것입니다. 물론 억지스러운 정신승리를 강조하는 게 아니고요.

나에게 최대한 올바른 것들을 선물하고 그것이 펼쳐져 가는 과정에, 최대한의 감사함을 발견한다면 삶의 질을 높이는 데 큰 도움이 될 것입니다.

보고 듣는 명상
바로가기

오늘을 사는 나는 무엇에 감사하나요?

기상 명상

잠에서 깨어날 때

우리의 삶에서 수면의 질은 매우 중요합니다. 일상에서 얻은 정보들이 수면 중에 무의식에서 정리된 후 저장됩니다. 육체와 사고체계는 휴식하고 무의식세계가 활동하는데, 연습이 깊어져 꿈을 인식하고 제어하게 되면 그 시간도 무의식적 명상 상태가 됩니다. 예를 들면 마치 VR 장치를 사용해 가장 마음에 드는 프로그램으로 갈아 끼울 수 있는 거죠. 그리고 아침에 무의식에서 의식으로 전환될 때 가장 듣고 싶은 얘기를 해줍니다. 주로 사랑한다고 환영한다고요. 그 후 오늘 하루의 컨셉을 만들어줍니다. 그리고 눈을 뜨고 일어나 의식적 자각이 있는 일상으로 돌아오죠. 그렇게 생의 하루라는 도화지 한 장이 또 주어져 감사함을 느낍니다. 무엇을 그릴지는 나의 몫입니다.

보고 듣는 명상
바로가기

아침에 눈 뜬 나에게 어떤 얘기를 전해주고 싶나요?

용서 명상

진정한 자유를 위하여

누군가를 미워하고 계십니까? 용서할 수 없는 사람이 있나요? 그 분한 마음 표출하면 대가를 지불해야 하고, 품고 있자니 내 영혼이 병들어 갑니다. 또한 진정한 사랑이란 원수조차 사랑하는 것이라며 절대 사랑하기 어려운 미운 사람을 억지로 사랑하려 의지를 내는 건 자기학대에 가깝습니다. 그것은 사랑은 무엇무엇이라는 관념을 지켜냈다는 자기만족을 향한 시도일 뿐, 참된 용서라고 보긴 어렵습니다.

진정 자유로운 사랑이란, 그 대상을 향한 미움의 감정을 느끼는 나를 바라보고 미움을 움켜쥐고서 힘들어하는 나의 마음을 알아주고 그 미움의 감정을 놓아주어 결국 <u>미움으로부터도 자유로워지는 것</u>입니다. 그 과정에는 눈물과 치유의 회복이 동반되고 그것은 자연스레 용서로 귀결됩니다.

결국 우리가 용서를 향해 나아가야 하는 것은, <u>내 마음의 진정한 자유</u>를 위한 것입니다.

보고 듣는 명상
바로가기

이제 미움을 놓아주시겠습니까?

선물 주기 명상

나를 위한 최고의 선물

자기 자신을 위해 살아본 적이 없다고 아쉬워하는 분들이 계십니다. 아니요. 남들 사는 만큼은 살게 해주려고 일도 찾아주고 돈도 벌어주었고요, 자기를 외로움에서 건져주려고 파트너도 구해주고 힘든 오늘 잊어버리게 술에도 취하게 해주었죠. 몸과 마음 무리해서라도 자기 기준을 채워주었고, 거절을 못 한 게 아니라 거절했을 때 올 불편함이 없는 행동을 해주었죠. 그리고 도전과 모험을 못 하고 산 게 아니라, 내가 불안함에 노출되지 않게 안정감을 선택해 주었죠. 죽고 싶었다고요? 자살도 내가 나를 고통에서 벗어나게 해주려는 자기 사랑의 한 방편일 뿐입니다.

결국 모든 걸 자기 자신을 위해 하고 있었습니다. 몰랐을 뿐이죠. 그러니 이제부터는 나에게 진짜 올바르고 좋은 것을 선물해 주시길 바랍니다.

보고 듣는 명상
바로가기

나를 위해 무엇을 해주고 싶나요?

연극 명상

인생이라는 연극 무대

저는 예전에 십여 년간 배우 활동을 했었고, 제게 연기예술은 최고의 마음 케어 방법입니다.

이 세상은 무한대의 가능성이 있는 연극 무대입니다. 아들, 남편, 사장, 손님, 학생. 그 배역들을 맡기로 선택한 것도 나고, 맡은 배역을 어떤 방식으로 연기할 것인지 선택하는 것도 나입니다. 그 선택들이 모여 만들어진 작품은 명작도 막장도 되죠. 그러니 대체 누구를 탓하겠습니까.

맡은 배역이 화려하든 소박하든 영원하지 않을 것을 알고, 다들 배역에만 매몰되어 살아갈 때, 배역을 바라보는 관객이 되었다가, 배역을 만드는 작가 감독도 되었다가, 배역을 연기하는 배우도 됩니다. 맡은 배역이 내가 아닙니다.

그렇게 스스로 만들어 가는 내 삶이라는 무대. 그것을 저는 참 자유의 공간이라 부릅니다.

보고 듣는 명상 바로가기

내가 만들고 연기하고 싶은 배역은 무엇인가요?

고요해진 마음으로
나와 너에게
가장 이로운 답을 찾아주세요.

7Week

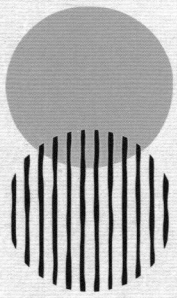

일곱째 주

대화 명상

명상의 시간

울음 명상

성장 명상

홀로서기 명상

사랑의 잔 명상

나를 위한 명상

대화 명상

나를 위한 기도

늘 그렇듯 내 가슴에 손을 얹고 말해줍니다. 잘 돼가면 축하한다고, 잘 안돼도 괜찮다고요. 이렇게 해가고 있는 것도 대단해. 라는 칭찬을. 조금 더해보고 싶으면 격려를. 조금 쉬었다 하고 싶으면 휴식을. 마음대로 안 돼서 답답할 땐 '잘해보고 싶은데, 잘 안돼서 답답하겠다.'라는 공감을. 아. 내가 무엇을 얻기 위해 잘해보고 싶은 거구나. 라는 이해를. 이해하고 보니 굳이 안 해도 되겠다 싶으면 '그 에너지로 나한테 더 좋은 거 하자.'라며 지지를. 이해하고 보니 더 제대로 해보고 싶다면 '계속 가보자'라는 응원을. 이 모든 것이 내 안에서 일어납니다.

이렇게 자기 안에서 마음에 걸림이 없는 상태를 만들어 가는 사람들은 빛이 납니다. 그리고 그들을 누가 가장 먼저 알아보는 줄 아세요? 바로 아이들과 동물들입니다.

보고 듣는 명상
바로가기

가슴에 손을 얹고 말해주세요.

명상의 시간

명상이 필요한 이유

매일 잠시라도 명상의 시간을 가져보세요. 명상, 묵상, 기도, 침잠 등 표현은 다양합니다. 기쁨을 느끼는 나를 바라보고, 슬픔을 느끼는 나를 바라봅니다. 감정과 생각과 나를 분리하죠. 어떤 생각이 감정을 일으키게 하지 않고, 어떤 감정이 사건을 결정케 하지 않습니다.

나의 삶을 밖에서 보면 자연히 나 자신에게 어떤 말을 전해주고 싶어지죠. 이때 사용하는 언어가 내면세계의 질을 좌우합니다. 혹시 성장 과정 중에 사랑의 언어를 듣고 배우지 못했다면 많은 연습이 필요합니다. 새로운 외국어를 연습하듯이요. 배경을 탓만 하기엔 내 삶이 아깝습니다. 그렇게 내 안의 나에게 선물 같은 사랑의 얘기를 들려주고 그것을 다시 세상으로 나눠주세요.

보고 듣는 명상
바로가기

명상의 시간, 어떤 생각을 바라보았나요?

울음 명상

울어도 돼

아이들은 넘어졌을 때 울고 싶은 만큼 운 후, 언제 그랬냐는 듯 다시 갈 길을 갑니다. 그리고 나이를 먹으며 울면 안 된다는 강압 속에 눈물이 말라버린 슬픈 어른이 되어가죠. 특히나 한국의 남성들에겐 이 억압이 뿌리 깊게 자리 잡혀 있습니다.

눈물에는 <u>치유의 힘</u>이 있습니다. 제 상담 파트너가 두 시간 동안 우는 것을 경청하며 지켜봤는데, 상처 난 마음을 <u>충분히 울어내며 결국 상처와 자기를 분리했죠</u>. 여러분, 특히 사랑하는 한국의 남성분들. 울어도 괜찮습니다. 태어나 세 번 운다고요? 그건 정말 말도 안 되는 소리입니다. 우는 걸 뭔 큰 문제로 여길 필요가 없습니다. 내 몸에 노폐물이 소변 대변 땀으로 나가듯, <u>감정의 노폐물이 눈물로 나가는 것뿐입니다</u>. 대소변 못 보면 몸이 고장 나듯 눈물로 안 빠지니 마음이 고장 납니다.

울면 안 된다는 주입이 우리 마음을 망가지게 했습니다. 안전한 나만의 공간에서 터져 나오는 울음을 <u>허용</u>해주시길 제안합니다.

보고 듣는 명상
바로가기

울어도 괜찮아요.

성장명상

야망에 대하여

여러분은 야망이 있으십니까? 여러분께 야망은 무슨 의미입니까? 우리 안에는 야망이란 단어에 대한 부정적 견해들이 좀 있는 것 같습니다. 권력과 재물, 명예에 대한 누군가의 욕망이 바탕이 된 야욕. 이를 바탕으로 지난 시간 인간들이 행했던 정복 하고 독재하고 독점하여 누군가를 핍박했던 땅따먹기 식의 역사를 야망의 한 부분이라 인식해서인지도요.

저는 야망의 에너지를 사랑합니다. 저에게 야망은 성장의 수용을 의미합니다. 수영장에서 수영을 배운 후 바다로 나가는 것을 두려워하지 않는 것 그것을 야망이라 부릅니다. 그래서 칼끝에선 시선으로 자신을 돌아보며 욕망이 아닌 올바른 의도를 가진 사람들의 야망이 아름답습니다. 전체에서 한 부분을 담당하는 그 존재의 헌신이 감사합니다. 여러분의 야망을 축복합니다.

보고 듣는 명상
바로가기

어떤 야망을 품고 있나요?

홀로서기 명상

내 삶을 책임 진다는 것

우리, 단 하루를 살아도 행복한 삶을 살기로 선택하시죠. 어떤 상황에 놓여있든 그 모든 삶의 여정 결국은 나 혼자 가야 하는 거잖아요. 먼저 홀로 우뚝 서야 합니다. 그렇게 바로 선 사람들이 만나서 무언가를 지탱합니다. 그래야 탄탄하죠. 부모도 배우자도 가족도 친구도 다 중요하지만, 타인의 의견은 참고일 뿐 결국 내가 결정해야 하고 책임도 나의 몫입니다. 그러나 두려워 말아요. 우린 각자 홀로 설 힘을 갖고 있어요. 무엇도 날 막을 순 없습니다. 지금 내 문제에 대해 누군가의 공감을 바라기 이전에 내가 직면하고 풀어가기로 선택하세요. 내 문제에 대해 나만큼 고민하고 아는 사람이 누구인가요?

하루를 살아도 행복한 길을 택하기로 해요. 세상에서 가장 너그러운 한 사람이 있고, 그가 나를 대하듯 내가 나를 대해주길 바랍니다.

보고 듣는 명상
바로가기

가장 너그러운 한 사람, 그 사람은 나에게 어떤 말을 해주었나요?

사랑의 잔 명상

자기 사랑이란?

누군가가 저에게, 자기 자신을 사랑하는 것이 어떤 것이냐고 물으셨습니다. 쉽게 말하자면 자신에게 모질게 구는 거 그 반대로 해주는 거라 설명합니다. 어딘가에 털어놓고 싶은 그 마음 들어줄 이 찾아다니기 전에 내가 먼저 알아주고, 칭찬과 인정 한번 받아보려 열심히도 찾아 헤매는 시선 안으로 돌려 내가 나에게 가장 먼저 충분한 칭찬과 인정해주는 겁니다. 휴식이 필요하면 휴식을, 좋은 배움을, 음식을, 예술을, 좋은 환경이 있으면 선물해 주고요. 그렇게 내 마음의 잔에 사랑을 채우시고, 넘쳐서 흐르는 것이 주변에 나뉘는 거지요. 신이 채워주는 것도 맞고요, 신이 채워주신다는 생각을 내가 채워주는 것도 맞습니다.

어찌 됐건 비어버린 자기 사랑의 잔을 외면하고 밖으로 퍼 나르는 분들이 있습니다. 그 뻔한 결말을 우리는 이미 알고 있습니다.

보고 듣는 명상
바로가기

내 마음속 사랑의 잔에 무엇을 채워주시겠어요?

나를 위한 명상

다 널 위해서?

우리가 널 위해서, 가족을 위해서, 사회를 위해서, 세상을 위해서…. 라고 하는 것들. 깊이 파보면 그렇게 해야 편한 나의 마음을 위해서 하는 것들이잖아요. 저 역시 이 글을 써 온 것은 그간의 내적 성찰의 정리 어록을 나에게 선물하기 위해 했습니다. 그렇게 재능을 사용하고 소명을 찾아줘야 좋은 나를 위해 하는 것입니다. 그러니 누군가 이를 통해 유익을 얻는다면, 그것은 제가 저를 위해 한 일에 타인도 덤으로 도움을 받는 일이니 제가 뭔 대단한 이타적 활동을 하는 사람은 아니라는 것입니다.

다 널 위해서라는 말 아래 깔린, 결국은 그래야 좋은 나를 위해 하는 것들. 결국은 원망과 의존성을 부를 뿐입니다. 이 사실만 잘 인지해도 관계가 좀 가벼워지고 사랑을 핑계로 내놓으라 하는 요구는 멈추게 될 것입니다.

보고 듣는 명상
바로가기

널 위해서라며, 날 위해서 했던 일이 있나요?

바쁜 일상속에서
마음을 초기화 시키고
정화 할 수 있는
기준점을 잡는 것은
굉장히 중요합니다.

8Week

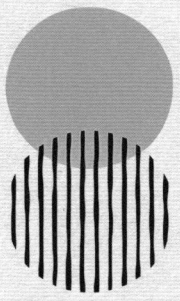

여덟째 주

행복 발견 명상

1분스피치 명상

보살핌 명상

안정 찾기 명상

감정처리 명상

도전 명상

책임지기 명상

행복 발견 명상

 고생하지 말아요

우리에겐 고생 끝에 낙이 온다. 식의 고진감래 스토리가 있습니다. 알게 모르게 인생 전반에 스며든 그 방식들이 나와 우리의 많은 것들을 손상하곤 합니다. 결승선에 모든 성공과 영광의 천국을 설정해놓고 길 위의 지옥을 참으며 내달리는 것. 레이스가 끝난 이후엔 잘못되면 더 큰 좌절이. 잘 돼봐야 지난 시간에 보상심리만 남을 뿐입니다. 그러니 당선 후에, 진급 후에, 합격 후에, 부패하기 쉬워지고 익숙해진 영광은 또 다음 천국에 도달하기 위해 지옥의 길을 참게 할 뿐입니다.

좋은 날이 올 거라는 다짐과 위로는 공허합니다. 행복은 길 위에 있습니다. 어떤 상황 속에서도 나에게 좋은 것을 스스로 발견하는 시선과 좋은 날을 만들어내는 내면의 힘이 없다면 외부에서 만들어주는 좋은 날은 크게 의미가 없을 겁니다.

보고 듣는 명상
바로가기

오늘 내 삶의 여정에서 어떤 행복을 발견할 수 있나요?

1분스피치 명상

요즘 면접과 회의 발표 등등에서 1분의 발언 시간이 주어지는 상황이 많습니다. 1분을 넘으면 제지당하거나 눈총을 받죠. 어차피 정보는 손쉽게 얻는 세상이고 때때론 발언 내용보다 정해진 시간 안에 끝냈느냐가 관건이기도 합니다. 1분 안에 핵심을 담았는가로 통찰력과 유연성을 볼 수 있고, 더 말하고 싶은 욕구를 절제하는지 인내심도 보이죠. 1분의 발언은 적어도 20분 정도는 설명할 수 있는 내용이 자기 안에 있어야 합니다. 그리고 7분 분량의 내용을 하나의 사례로, 7분 분량을 하나의 질문으로, 7분 분량은 하나의 설명으로 축약하고 구성하여 1분으로 만드는 것입니다. 더 풀어내고 싶은 욕구를 절제해야 하므로 아쉬움에 초연해야 하고요. 완벽함에 대한 인정 욕구도 내려놔야 합니다. 따라서 이것은 말하기 연습이 아니라 강력한 내면 훈련이기도 합니다. 1분 말하기. 여러분도 시간 재면서 해보시길 바랍니다.

보고 듣는 명상
바로가기

지금 나의 마음을 1분 말하기에 담아보아요.

보살핌 명상

지금 용서할 수 없는 사람이 있나요? 기억을 떠올리면 부들부들 떨리게 하는 사람이 있습니까? 사실 원망하고 복수심을 키우는 것은, 그렇게 분노라도 해서 내 마음을 괜찮게 해주고 싶은 의지에서 기인합니다. 따지고 보면 그것 또한 나를 위해 해주는 자기 사랑의 한 방법이라는 거죠. 결국 부들부들 떨고 있는 것도 복수의 칼을 가는 것도 그렇게라도 해야 괜찮은 나를 위해 내가 해주고 있는 거잖아요.

근데 부글부글 끓으면 몸이 상합니다. 병 걸려요. 내가 나를 위해 해준 건데 병만 얻어요. 더 원통해집니다. 한 생각 바꿔보면 나에게 좀 더 좋은 거 줄 수 있잖아요. 조건 없이 용서하자, 초월하자. 그런 어려운 말씀을 드리는 것이 아닙니다. 부글부글 끓게 하는 것도 나를 위해서 해준 거였다면 그것 말고 나에게 좀 더 예쁘고 좋은 거 해주자고 제안을 하는 것입니다.

보고 듣는 명상
바로가기

아픈 기억으로 힘들었던 나에게 해줄 수 있는 최고의 선물은 무엇인가요?

안정 찾기 명상

불안 위에 선 자

우리는 무언가를 얻기 위해 참 큰 노력을 합니다. 직업, 연봉, 부동산, 경력, 투자수익 등등을요. 그것을 갖게 되면 불안으로부터 나를 지킬 수 있다는 믿음에서 오는 거겠죠. 어릴 때부터 보던 많은 어른들은 저에게 안정적인 삶을 강조하셨는데요. 정작 어떤 안전장치를 손에 넣는다고 해도 그들의 마음은 그리 안정적으로 보이진 않았습니다.

이 삶은, 불안한 마음을 관리하며 나를 이끄는 삶의 흐름에 올라타 기쁘게 항해하는 여정입니다. 그리고 내 마음속의 두려움을 다독이며 사랑을 선택한다면, 안정을 느끼기 위해 쫓던 장치들은 필요에 따라 취하는 옵션일 뿐입니다. 그러니 그것이 없다고 크게 불안해지진 않게 될 것입니다.

진정한 평화란 불안감도 안정감도 나에게 영향을 주지 않는 그 상태를 말하는 거니까요.

보고 듣는 명상
바로가기

나의 삶은 어떤 항해가 되길 원하나요? 구체적으로 머릿속에 그려보세요.

감정처리 명상

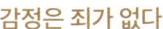

우리의 감정은 하루에도 몇 번씩 왔다 갔다 합니다. 감정은 한결같아야 좋다는 생각, 있는 그대로 바라봐 주지 못한 우리 감정은 오히려 건강하지 않은 방식으로 표출되기도 합니다. 그리고 그런 나를 다시 혐오하는 악순환이 이어졌습니다. 표출이나 한 사람은 그나마 다행입니다. 고분고분하고 순종적인 사람 중엔 누르고 누르다가 아예 감정조차 느낄 수 없는 상태가 된 사람들도 많으니까요.

우리 안의 감정의 파고를 왜 미워해야 하나 생각했어요. 그런 나의 감정을 바라보고 수용하고 이해하고 사랑하면서, 그것을 다시 어떻게 활용하는지가 중요하다고 여겼습니다

예를 들어 분노 에너지는 부당함에 항거하고 미루던 것을 해버리는 에너지로 사용할 수 있고, 우울감은 창작활동의 재료로. 충만함은 나누고 위로하고 안아주는 온기로 활용했죠.

감정에는 아무 죄가 없었습니다. 그 감정을 어떻게 처리했느냐 나의 선택만이 있었습니다.

보고 듣는 명상
바로가기

최근에 느낀 가장 강렬한 감정이 있나요?
그 감정을 연료 삼아 어떤 도전을 할 수 있을까요?

도전 명상

<u>용기란 무엇인가?</u>

제가 소속된 심리 상담 그룹의 미국본부에서 워크숍이 있다는 소식을 들었습니다. 참가 신청을 하고 출국 준비를 마쳤는데 서류상의 문제가 생겨 참가를 못 할 처지가 됐습니다. 그럼에도 불구하고 "난 간다, 현장에서 보자."라는 메일 하나를 주최 측에 보낸 후 일단 떠났습니다. 첫 미국행, 태평양 건너 버스를 타고 전철을 타고 묻고 물어 장소에 도착했고 교육에 잘 참여했습니다. 워크숍 내내 제 별명은 <u>동양에서 온 용감한 남자</u>였습니다. 흥미로운 사실은, 저는 그 과정 중에서 단 한 번도 '용기'라는 단어를 떠올린 적이 없었습니다. 그때 깨달았습니다. 용기라는 것은 내가 용기를 내야지라는 의지 내기가 아니라, 가슴이 뛰는 방향으로 가는 길에 장애물을 장애라 여기지도 않고 나아가고 있는 모습을 설명하기 위한 단어적 표현에 불과하다는 것을요.

<u>가슴이 뛰는 일을 하세요.</u> 그 모습을 보고 사람들이 용기다 헌신이다 노력이다 등등 자신이 보이는 대로 얘기를 할 것입니다.

보고 듣는 명상
바로가기

나의 가슴을 뛰게 하는 것은 무엇인가요?
장애라 생각조차 하지 않고 몰입했던 일은 무엇인가요?

책임지기 명상

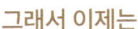

우리는 지나온 삶에서 일정부분 후회되는 부분들이 있을 것입니다. 어떤 선택을 했다 하여도 지나온 길에는 약간의 후회가, 살아보지 않은 삶에는 약간의 미련이 남을 겁니다.

그런데도 지나온 그 시간이 있기에 '지금의 나'가 있는 거잖아요. 약간의 시행착오들도 분명 무언가를 배우게 해주었습니다. 그렇듯 수고해온 우리 마음엔 위로와 격려가 필요합니다.

그러나 넘치는 위로와 격려만이 근본적 변화와 성장의 원동력은 될 수 없습니다. 위로와 격려에 멈추고 안주한다면, 후회됨이라는 진실은 끊어내지 않고 계속 남게 됩니다. 자신만의 삶을 살아가는 진짜 변화는 더뎌집니다. 인정할 것은 인정하고, 이제 하지 말아야 할 것들을 정립해서 진짜 할 것만 남으면 그것에 몰입하면 됩니다.

늘 나 자신에게 묻습니다. 그래서 이제 어떻게 할 거냐고요. 모든 선택의 책임은 나의 몫입니다.

보고 듣는 명상
바로가기

내 삶의 시행착오를 인정하는 부분이 있나요?
그래서 이제는 어떻게 하실 건가요?

에
필
로
그

　지난 8주의 시간 동안, 소중한 나의 마음을 살펴보고, 내 안의 진짜 소리를 들어보셨나요?

　바쁜 현대사회를 살면서 수많은 정보와 잡음 속에 생각은 꼬리에 꼬리를 물고 이어집니다. 따라서 '생각을 하는' 시간을 멈추고, '생각을 보는' 시간을 확보해야 두뇌도 휴식하게 됩니다.

　나와 생각이 서로 분리된 시공간에서, 멋진 아이디어를 만나기도 합니다. 또한 새로운 가능성과 긍정적인 해석, 과거에 대한 재평가들도 일어나게 됩니다. 저는 그것을 치유와 창조성이라고 말합니다.

　과거의 아픈 기억은 때때로 우리의 지금을 망가뜨리곤 합니다. 그러나 지나간 사건을 바꿀 수 없지만, 우리는 지나간 사건에 대한 평가를 바꿀 수 있습니다. 생각과 분리된 그 고요한 공간에서 치유의 빛이 드러나고, 지난 사건에 대한 새로운 인식이 일어나게 됩니다.

　힘들었던 기억 속에서 감사한 기억을 발견하고, 고통스러웠던 기억 속에서 성장과 배움을 되찾게 됩니다. 결국 나는 상처받고 피해 입은 존재가 아닌, 다양한 경험이 담긴 선물상자를 받았다는 것을 알게 됩니다. 그렇게 지난 삶의 여정에 감사하며 거듭나게 됩니다. 또한 그 공간에서 발견된 창조성은 새로운 도전을 하게 합니다.

　기존의 방식과 고정관념으로부터 탈피하여 어제의 나보다 한걸음 성장하는 우리는, 매일매일의 성공감을 느끼고 그 성공의 감각들이 쌓여 성공한 인생이 될 것입니다.

　이번 출판 과정을 통해 또 한 번의 성장을 경험했습니다. 창업자의 하루는 1분 1초가 빠듯한 삶인데, 책까지 출간한다는 것은 물리적으로 버거운 일이었습니다. 그러나 하는 일에 대한 명확한 내적 의도는 오히려 시간 활용의 분별력을 키우게 해주었습니다.

　그리고 삶에 대한 절대적인 신뢰를 배우게 되었습니다. 소재가 고갈될 때 오히려 마음을 비웠더니 생각지도 못했던 영감이 떠오르곤 했습니다. 그렇게 비워진 의식에서, 나라는 메신저를 통해 드러날 메시지의 통로가 되었습니다.

　'1분 멘탈케어' 도서는 현재 캄스페이스가 진행 중인 기업과 정부 기관의 멘탈케어 교육 중에 워크북으로 활용되고 있습니다. 그리고 '1분 멘탈케어'를 활용한 [멘탈케어 챌린지 프로그램]을 통해 많은 분이 일상의 모든 순간에서 명상의 평온함을 발견하고 계십니다. 또한 '1분 멘탈케어' 는 영문 번역되어 [1 Minute Meditation] 이라는 제목으로 출판 되었습니다. 현재 CalmSpace inc. 미국 법인을 통해 북미대륙의 독자들과 만나고 있습니다. 저는 한국을 넘어, 세계인이 가진 마음의 문제를 해결하기 위해 노력하고 있습니다.

절망의 순간에서 나를 일으키기 위해 걸어온 여정이었고, 그것을 다시 세상에 나누게 되었습니다. 그리고 지금의 저에게 지난 절망의 순간들은 삶의 목적을 향해 나아가기 위한 선물이었다는 것을 알게 되었습니다. 여러분의 모든 순간, 모든 행동은 마음을 돌보는 기회입니다.

이 가치를 거듭 전하겠습니다.

1분멘탈케어

2022년 9월 22일 1판 1쇄 발행

지은이	이현동
펴낸곳	캄스페이스
디자인	경놈
문의	0507-0099-6383
홈페이지	WWW.CALMSPACE.KR

ISBN   979-11-978585-0-5 03320